I0163337

Huiles essentielles pour le Cheval

Marie-Hélène Cloutier

Copyright © 2019 par Marie-Hélène Cloutier

Images : Marie-Hélène Cloutier

Tous droits réservés. Aucune partie de ce livre ne peut être reproduite ou transmise sous aucune forme ou par aucun moyen : électronique ou mécanique, y compris les photocopies, enregistrements ou par système de stockage et de récupération d'information, sans la permission écrite de l'éditeur.

Première impression 2019

Dépôt légal – Bibliothèque et Archives nationales du Québec, 2019

ISBN 978-2-9818268-1-7

Vision Avenir
965 route 230
Saint-Alexandre-de-Kamouraska,
Québec, Canada, G0L 2G0

www.vision-avenir.com

Table des matières

À Propos de l'auteure

J'ai eu la chance de partager ma vie avec les animaux et ce, depuis ma naissance. Nous avons toujours eu au moins un chien et quelques chats avec nous à la maison, sans compter les chevaux qui m'accompagnent maintenant depuis plusieurs années. Toute jeune je voulais devenir vétérinaire pour pouvoir m'occuper d'eux. Par contre, en grandissant, je me suis aperçue que je n'aimais pas le sang, et que malheureusement, être vétérinaire comporte aussi la lourde tâche d'euthanasier des animaux qui sont parfois encore en parfaite santé.

J'ai donc pris une autre voie, mais qui me ramène toujours aux animaux ! J'ai tenu un salon de toilettage pendant un certain temps. J'ai suivi diverses formations en alimentation, psychologie animal et communication animale. Actuellement, je suis aussi propriétaire d'une boutique équestre qui comporte un département d'accessoires pour petits animaux et l'alimentation complète pour animaux de compagnie et animaux de ferme.

Mon désir de prendre soin des animaux est toujours présent. La santé et le bien-être de ces derniers passent aussi par l'éducation, le partage des connaissances et des expériences. C'est pourquoi j'offre aussi des ateliers de formation et que bien sur j'écris !

J'espère que ce livre sera un guide pour vous et qu'il vous aidera à prendre soins de vos chevaux.

Au plaisir de partager à nouveau avec vous !

Marie-Hélène Cloutier

Mise en garde

1.1 Ce livre ne remplace pas votre vétérinaire !

Il est important de comprendre que les informations données dans ce livre sont présentées à titre éducatives sur l'utilisation des huiles essentielles. Cela ne remplace pas votre vétérinaire. Aucun diagnostic ou prescription n'est fourni. En cas de doute ou de problèmes sérieux, consulter votre vétérinaire. Les huiles essentielles peuvent être utilisées en complément d'un traitement mis en place par votre vétérinaire. Parlez-en avec lui. De plus en plus de vétérinaire sont ouverts aux huiles essentielles et à leur bienfait.

1.2 Comment choisir son huile essentielle

Il est important de choisir une huile essentielle de haute qualité pour les chevaux car ces derniers sont très réceptifs. Ainsi, une huile qui contiendrait par exemple des solvants pourrait être dangereuse pour lui. Comment s'y retrouver avec toutes les marques disponibles sur le marché ? En effet pas facile, car la plupart indique « pure et naturelle » sur leur contenant alors que cette description peut être franchement discutable et très différente d'une compagnie à l'autre ! Notons qu'à l'heure actuelle, il n'y a pas de règles strictes qui gèrent les huiles essentielles et que la plupart sont classées dans la catégorie des parfums et non dans la catégorie thérapeutique.

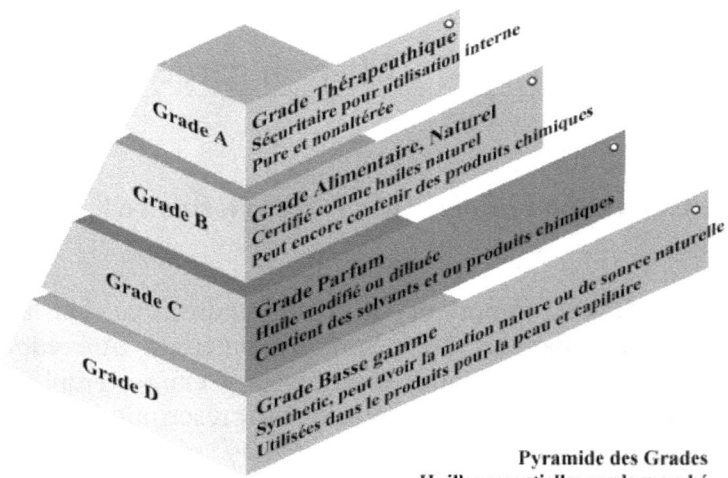

Pyramide des Grades
Huiles essentielles sur le marché

Il est évident qu'une huile de grade C ou D n'est vraiment pas approprié pour les chevaux et n'est clairement pas de la même qualité qu'une huile pour utilisation interne ou pour soins thérapeutiques ! Il ne faut pas oublier que le cheval se gratte à l'aide de la bouche et de ses dents, donc par conséquent l'huile que vous appliquerez sur le pelage risque de se retrouver tout de même à l'interne ! Ainsi, une huile qui aurait dans sa composition des solvants ou tous autres produits chimiques pourrait être dangereuse pour lui. Ainsi, les informations de ce livre sont basées sur des huiles de grade « A », donc thérapeutique.

Ainsi, pour ma part, je recherche une huile qui répond en premier aux critères suivants :

-Doit être approuvé par Santé Canada, et pas juste comme parfum, donc s'assurer que l'approbation reçue était pour un grade supérieur (A).

-Si vous consultez le site internet de la compagnie et qu'il est écrit un peu partout « en cas d'ingestion appeler immédiatement le centre antipoison », c'est que le produit n'est pas si pur que cela et peut être très nocif pour votre cheval, donc à éviter absolument !

-Est-ce que la compagnie est reconnue ?

-Est-ce que la compagnie est supportée par des spécialistes (vétérinaires, médecins, pharmaciens, etc.) ?

-Est-ce que la compagnie offre un service à la clientèle facile à rejoindre et dans votre langue ?

-Est-ce que la compagnie garantie ses produits ?

-Quelle est la méthode d'extraction de l'huile essentielle ? Une huile essentielle de qualité est normalement extraite pas distillation à la vapeur.

-Quel sont les tests effectués ? Sont-ils effectués uniquement sur certains lots de produits, à chaque lot et à quelle étape de la confection de l'huile essentielle ? Est-ce que les tests sont effectués uniquement par la compagnie, ou fait-elle affaire avec un bureau d'analyse externe ?

-Plus la compagnie est transparente, plus la qualité risque d'être au rendez-vous.

-On évite les huiles achetées sur des sites comme ebay, amazon, aliexpress qui proviennent généralement de pays comme la Chine, la Corée, le Japon etc… et contiennent très souvent des solvants et agent de conservation nuisibles pour la santé (ce qu'on retrouve dans les grades C et D).

-Pour ma part, je recherche une huile de grade A ou CPTG (Certifier Pure Thérapeutique Grade).

1.3 Un cheval c'est gros, mais on dilue quand même !

Il est important de toujours diluer vos huiles avec votre cheval. On a parfois tendance à penser que parce qu'il est plus gros que nous, il peut supporter une concentration plus forte. Cela n'est vraiment pas le cas ! Le cheval a la peau très sensible et son organisme est très réceptif comparativement à celui du corps humain. Son odorat est aussi beaucoup plus développé que le nôtre.

Pour une utilisation interne, donc par la bouche, on mélange avec de la nourriture, une gâterie, du miel, de l'eau ou une huile végétale.

Pour utilisation sur la peau, donc topique, la dilution consiste à mélanger l'huile essentielle avec une huile porteuse. C'est quoi une huile porteuse ? C'est une huile neutre, comme une huile de coco fractionnée, une huile d'olive ou d'amande. Utiliser toujours une huile végétale. Personnellement j'ai une préférence pour l'huile de coco fractionnée qui laisse moins de résidus et d'effet « gras » sur le poil du cheval.

Pourquoi pas de l'huile minérale ? Parce que l'huile minérale vient du sol, donc du pétrole. Elle est considérée comme synthétique après avoir reçu plusieurs raffinements et traitements. Donc si on veut rester dans le naturel et avoir un produit qui sera bien absorbé par l'organisme on évite autant que possible.

Certains chevaux sont plus réceptifs que d'autres aux huiles essentielles. Il est conseillé de faire un test sur une petite partie de peau avant d'appliquer sur une plus grande surface. De plus, il vaut mieux commencer avec une huile plus diluée et augmenter un peu la concentration selon le besoin et selon la tolérance de votre cheval. Il est possible que votre animal ait besoin d'un mélange plus dilué, ou plus concentré, donc observez votre animal pour trouver ce qui lui convient le mieux.

Pour usage externe ; pour chaque 500 kg de cheval, utilisez environ 4 gouttes d'huile essentielle avec 0 à 4 gouttes d'huile porteuse.

Pour usage interne ; pour chaque 500 kg de cheval utilisez environ 1 à 2 gouttes d'huiles essentielles dans une huile végétale, une gâterie, une cuillère de miel ou un sceau d'eau. La fréquence habituelle est de deux fois par jours, selon le cas.

1.4 Attention huiles chaudes

Certaines huiles sont dites chaudes, comme la Cannelle, le Clou de girofle, le Thym, le Romarin et l'Origan. Cela signifie qu'elles sont plus susceptibles de causer un inconfort, voir même une irritation. Il faut donc diluer encore plus !!!

Si vous remarquez que votre cheval réagi à une huile, qu'elle cause une irritation, une plaque rouge, un inconfort, etc., il faut toujours ajouter de l'huile porteuse pour annuler l'effet. Jamais mettre de l'eau, car l'eau ne se mélange pas à l'huile. Ainsi vous risqueriez de simplement faire « glisser » l'eau sur l'huile, sans diminuer l'effet indésirable, ou pire d'accentuer l'irritation !

1.5 Ne pas mettre d'huile aux endroits suivants

On ne met jamais d'huile dans les yeux, le nez, les oreilles ou les parties génitales du cheval.

En cas de contact avec les yeux, rincer avec de l'huile porteuse neutre et non de l'eau.

1.6 Huiles essentielles à éviter avec le cheval

On évite les huiles suivantes avec la jument gestante :

- Arborivate

- Basilic
- Bouleau
- Cannelle
- Romarin
- Thym
- Wintergreen (Gaulthérie couchée)
- Cassia

1.7 Précautions additionnelles

Ne pas donner d'huile essentielle topiquement en même temps qu'un autre traitement qui s'applique aussi sur la peau, comme des « patch ».

Si vous donner un médicament autre au cheval (exemple un vermifuge) ou un vaccin, attendre deux heures avant d'utiliser les huiles essentielles.

1.8 Conservation de vos huiles essentielles

Conservez vos huiles dans un endroit frais et à l'abri de la lumière.

Pour la confection de vos recettes, évitez tous les plats et ustensiles en métal. Pour conserver vos mélanges, utiliser un contenant en verre ambré pour les protéger de la lumière.

Et si on entrait dans le sujet des huiles ?

2.1 Comment les utiliser ?

Selon le type d'huile il est possible de l'utiliser de trois façons :

-**Aromatiquement** : donc ici on utilise l'odeur ! Généralement utilisé à l'aide d'un diffuseur, mais comme souvent les écuries sont très grandes cela peut donc être un peu moins efficace. Il est aussi possible d'utiliser un bout de tissus, un foulard ou un licou en nylon imbibé d'huile, ou un bijou conçu pour cela que l'on vient attacher à l'équipement. Ne pas appliquer sur votre celle, cela pourrait laisser des marques et la rendre très glissante !

-**Topiquement** : c'est à dire sur la peau ! On tente d'appliquer là ou l'animal a moins de chance de se lécher, donc derrière la nuque, le long de la colonne vertébrale, derrière les oreilles, etc. Si on veut traiter une blessure à une zone bien précise, on applique l'huile à cet endroit. N'oubliez pas, il faut diluer.

-**Interne** : donc c'est une huile qui sera prise par la bouche, généralement mélangée à de l'huile végétale ou avec des aliments (miel, compote de pomme ou la moulée que vous humecterez par exemple). Il est aussi possible de mettre 1 à 2 gouttes d'huile dans un gallon d'eau potable. Une autre alternative est de mettre une goutte diluée sur votre doigt et de frotter les gencives.

Pour chaque huile, il sera présenté comment l'utiliser avec les lettres suivantes, donc **A** = Aromatique, **T** = Topique et **I** = Interne. Certaines huiles peuvent être utilisée de plus d'une manière, donc allez-y avec celle qui vous convient le mieux.

Il est aussi possible de mélanger les huiles selon l'effet recherché.

Observez toujours votre animal après utilisation des huiles. Les huiles essentielles font effet rapidement, donc si une réaction survient, elle devrait être visible dans les 20 minutes suivant l'utilisation. Cessez si l'un des effets suivants survient : détresse, bave, plisse les yeux, tremblements, vomissements et diarrhée.

2.2 Plusieurs huiles essentielles pour la même utilité

Plusieurs huiles peuvent avoir la même fonction. Il est donc possible de choisir différente fragrance selon votre goût et surtout celui de votre cheval !

Pourquoi ne pas laisser choisir ce dernier ? Mettez une goutte dans votre main ou présentez-lui doucement le bouchon de votre pot. S'il lèche votre main, tente d'attraper le bouchon (attention qu'il ne mange pas votre bouchon !), s'il s'avance vers vous, mâche ou fait le Flehmer*, c'est qu'il aime. À l'inverse, s'il vous évite, tourne la tête ou que ses oreilles se penchent vers l'arrière, c'est qu'il n'aime pas ! Une réponse neutre est aussi bon signe, puisque cela signifie que l'odeur ne l'indispose pas, dont que cette dernière peut être utilisée.

*Le Flehmen : Un comportement dans lequel le cheval va remonter sa lèvre supérieure, inhaler l'air et étendre le cou. Cela aide à piéger les odeurs dans le voméro-nasal. Ainsi il peut conserver l'odeur plus longtemps pour l'analyser.

N'oubliez pas que votre cheval est herbivore, donc qu'il a l'instinct de choisir les plantes qui lui conviennent. Ainsi, il est possible, par exemple, que vous lui présentiez une huile dont il raffolera sur le moment et que quelques jours plus tard il n'en voudra plus ! C'est que son besoin a été comblé. Il est donc important de refaire cet exercice de temps en temps.

Attention, le cheval a un très bon odorat, donc si vous lui faites sentir plusieurs huiles l'une à la suite de l'autre, l'odeur des précédentes peuvent rester dans l'air et fausser votre analyse ! De plus, si vous lui présentez une huile qui a une forte odeur comme l'origan, il est fort à parier qu'il n'appréciera pas cette huile et que les prochaines que vous lui ferez sentir, ne lui plairont pas non plus car il aura encore cette odeur dans le nez !

2.3 Saviez-vous que…

Remarquez avec quel naseau votre cheval sa sentir l'huile en premier. Pourquoi ? Parce qu'en généralement cela indique si le besoin a comblé de votre cheval est émotionnel ou physique. Le naseau gauche est relié à l'hémisphère du cerveau qui concerne les émotions. Le naseau droit correspond à la partie physique.

J'ai un cheval à la maison qui est très, pour ne pas dire trop routinier. Il doit toujours être dans le même box. Si ses voisins de box changent il devient très anxieux. Il a sa place dans la remorque et il embarque toujours du même côté. Nous avons un petit sentier à la maison et si je décide de modifier le trajet, il se mets à faire plein de grimace, sautiller, mais reste respectueux. Je fais aussi de la compétition avec lui, et si je ne vais pas lui monter le manège avant, c'est certain qu'il ne performera pas. Quand vient le temps de lui monter quelque chose de nouveau, son niveau de stress augmente et c'est très long à lui enseigner. Nous avions souvent dit en blague qu'il était autisme ! Bref, quand je lui ai fait sentir la lavande pour son anxiété, ho! Surprise, c'est son naseau droit qu'il a utilisé ! Hors, l'autisme est un problème neurologique (donc physique) et non émotionnel. J'en ai donc discuté avec mon vétérinaire, et selon lui, cela pourrait être possible. Ainsi, cela change complètement l'approche du problème de la gestion du stress pour lui. Cela peut donc vous aider à mieux travailler avec votre cheval.

Les huiles les plus utilisées

Ceci est une liste des huiles les plus communément utilisées avec le cheval. Il est possible d'en utiliser d'autre.

3.1 Arbre à thé (Melaleuca) (A-T-I)

- Irritation de la peau
- Antibactérien
- Pourriture du sabot
- Teigne
- Gale de boue
- Dermatites
- Éraflures, coupures et soins de plaies
- Antibiotique naturel
- Bon pour le pelage et la crinière
- Anti-moustique

3.2 AromaTouch (A-T)

- Soulager la douleur
- Haute pression
- Anti-inflammatoire

3.3 Balance (A-T)

- Relaxant
- Favorise l'équilibre mental et émotionnel

- Sommeil réparateur
- Soutien le système nerveux
- Soulage l'anxiété
- Aide pour l'hyperactivité

3.4 Bergamote (A-T-I)

- Température
- Problème digestif
- Antibactérien et antiseptique
- Infection urinaire
- Soin de la peau
- Anxiété et dépression

3.5 Bois de cèdre (A-T)

- Problème respiratoire
- Problème de peau
- Problème urinaire
- Insectifuge

3.6 Camomille Romaine (A- T)

- Allergie
- Diarrhée
- Nausée
- Problème de peau
- Calmant
- Tension musculaire

3.7 Citronnelle (Lemongrass) (T-I)

- Santé de la vessie
- Supporte le système immunitaire
- Thyroïde (surproduction)
- Parasite intestinaux
- Muscles et tendons
- Balance hormonale
- Antifongique

3.8 Copaiba (A-T)

- Anti-inflammatoire
- Douleur
- Problème de peau
- Supporte le système immunitaire
- Supporte le système cardiovasculaire
- Supporte le système respiratoire
- Calme

3.9 Curcuma (A-T-I)

- Antiparasite
- Allergie
- Aide à la digestion
- Anti-inflammatoire
- Aide à la santé dentaire

3.10   Cyprès (A-T-I)

-   Aider à diminuer les saignements
-   Trouble du foie
-   Crampes musculaires
-   Cicatrisation et soins de la peau

3.11   Deep Blue (A-T)

-   Soulage la douleur
-   Anti-inflammatoire
-   Circulation saine
-   Fourbure
-   Coup de chaleur

3.12   Easy Air (Breath) (A-T)

-   Toux
-   Meilleur sommeil
-   Allergie
-   Infection des sinus
-   Dégage les voies respiratoires

Diluer avec une huile porteuse et frotter la poitrine du cheval. Utiliser aussi la diffusion pour un meilleur résultat.

3.13   Encens (Frankincense) (A-T-I)

- Favorise la santé et les fonctions cellulaires
- Santé de la peau
- Relaxant
- Équilibre de l'humeur
- Apaise la douleur
- Soutien le système nerveux et immunitaire
- Cancer (tumeur)

Vous ne savez pas quelle huile utiliser, l'encens sert à presque tout !!!

3.14   Eucalyptus (A-T)

- Supporte le système respiratoire
- Antibactérien et antiviral
- Anti-moustique

3.15   Géranium (A-T)

- Aide à diminuer les saignements
- Teigne
- Blessures
- Problèmes de peau
- Anti-moustique

3.16 Hélichryse (A-T)

- Antifongique
- Antimicrobien
- Supporte le système respiratoire
- Problème de peau
- Douleur
- Anti-inflammatoire
- Circulation sanguine et hypertension

3.17 Intune (T)

- Concentration
- Calmant
- Contrôle le stress et l'hyperactivité
- Anxiété et dépression

Appliquer derrière les oreilles pour favoriser la concentration lors de l'entrainement, de promenade, ou l'apprentissage de nouvelles choses.

3.18 Lavande (A-T-I)

- Calmant, relaxant
- Apaise les démangeaisons de la peau
- Soulage l'anxiété
- Égratignures
- Coup de soleil
- Soulage les piqures d'insecte
- Conjonctivite

3.19   Marjolaine (T)

- Réduction de la douleur.
- Pression sanguine
- Les fonctions du pancréas.
- Anti-inflammatoire
- Brulure et coup de soleil

3.20   Menthe Poivrée (A-T-I)

- Fièvre
- Douleur
- Anti-Inflammatoire
- Allergie
- Circulation sanguine
- Problème respiratoire
- Digestion
- Aide à éliminer les parasites intestinaux

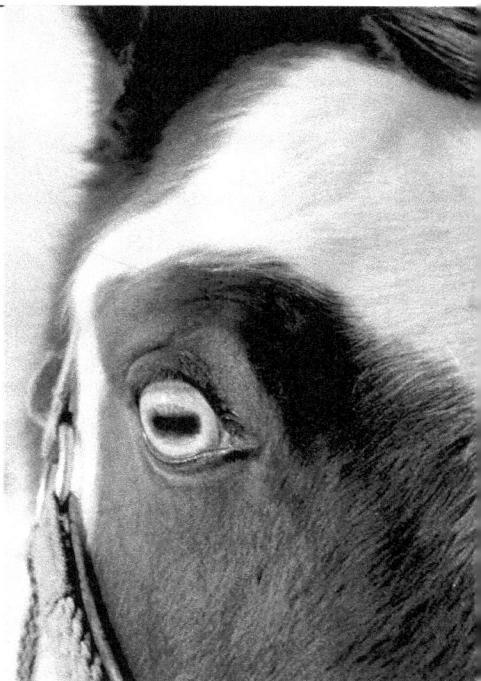

En plus les chevaux aiment généralement la menthe poivrée !

Pour refroidir votre cheval après un entrainement ou en cas de coup de chaleur, mettre 5 gouttes de Menthe Poivrée dans 1 tasse d'eau et vaporisé sur son corps.

3.21   On Guard (A-T-I)

- Soutien le système immunitaire
- Antioxydant
- Abcès, bactéries, virus

-   Désinfectant

Utiliser comme nettoyant tout usage, même pour les buvettes car il est sécuritaire pour votre cheval et efficace pour désinfecter.

3.22   Origan (A-T-I)

-   Anti-inflammatoire
-   Antibiotique naturel
-   Antifongique
-   Antimicrobien
-   Antiparasite

3.23   Peace (A-T)

-   Calmant
-   Soulage l'anxiété
-   Rassurant
-   Hyperactivité
-   Irritabilité

3.24   Serenity (A-T)

-Calmant, relaxant
-Soulage l'anxiété

3.25   TerraShield (T)

-   Anti-moustique
-   Santé cellulaire

- Trouble de la peau
- Protection solaire lorsque utilisé avec la lavande et l'hélichryse
- Éloigne les tiques et les puces

Appliquer sur le pelage avant d'aller à l'extérieur. Vous pouvez aussi utiliser un pulvérisateur avec de l'eau pour appliquer (bien agiter).

3.26   Ylang Ylang (A-T-I)

- Calmant
- Réduit l'anxiété
- Pression sanguine
- Problème respiratoire

3.27   ZenGest (T-I)

- Maintenir une digestion saine
- Aide à réduire les ballonnements, les gaz et les indigestions
- Soulage les malaises lors de transport
- Indigestion
- Coliques
- Ulcères
- Diarrhée
- Constipation
-

Ajoutez 1-2 gouttes à la nourriture deux fois par jour afin de maintenir un tractus gastro-intestinal sain.

Utiliser avec de l'huile de coco fractionnée pour un massage abdominal apaisant.

En cas de colique, appeler votre vétérinaire. En l'attendant, frotter le ventre avec 20 gouttes et mettre 20 gouttes directement sur la lèvre inférieure (vous pouvez aussi mélanger avec de l'huile minérale et donner via une seringue doseuse, mais généralement dans la lèvre c'est suffisant et plus facile). Si après 10-20 minutes vous n'avez pas de résultat et que le vétérinaire n'est pas arrivé, recommencer une autre fois.

Quelques petites recettes

4.1 Soulager les ligaments endoloris

- 20 gouttes d'AromaTouch
- 10 gouttes de Sapin blanc
- 10 gouttes d'encens (Frankincense)
- 5 gouttes de Citronnelle (Lemongrass)

Mélanger dans une bouteille de 4 oz et remplir avec une huile porteuse ou de l'eau distillée. Bien agiter et vaporiser sur la région.

4.2 Maintien de la santé des sabots

- 20 gouttes d'Arbre à thé (Melaleuca)
- 10 gouttes de Romarin
- 4 à 5 gouttes d'huile de Vitamine E
- 2 oz d'huile porteuse

Mélanger et appliquer en massant pour que l'huile pénètre les sabots. Utiliser à tous les jours.

4.3 Supporter les hormones (jument en chaleur)

- 2 oz d'huile porteuse
- 25 gouttes de Clary Sage
- 15 gouttes de Lavande
- 5 gouttes de Géranium
- 5 gouttes de Ylang Ylang
- 5 gouttes de Camomille Romaine

Combiner les ingrédients dans un vaporisateur en verre. Vaporiser ou appliquer en massant sur le cœur et la colonne vertébrale.

4.4 Anti-moustique, puces et tiques
1. Recette de base

- 100 gouttes de TerraShield
- 3 à 4 gouttes de savon à vaisselle naturelle de type Dawn

Combiner les ingrédients dans un contenant en vitre de 16 oz. Remplir le reste de la bouteille avec de l'eau distillée. Bien agiter avant chaque utilisation et éviter le contact avec les yeux et les naseaux.

2. Deuxième recette

- 40 gouttes de TerraShield
- 20 gouttes d'Eucalyptus
- 10 gouttes de Bois de Cèdre
- ½ tasse de Vinaigre de cidre de pomme
- 3 à 4 gouttes de savon à vaisselle naturelle de type Dawn

Combiner les ingrédients dans un contenant en vitre de 16 oz. Remplir le reste de la bouteille avec de l'eau distillée. Bien agiter avant chaque utilisation et éviter le contact avec les yeux et les naseaux.

3. Troisième recette

- 20 gouttes de Bois de cèdre
- 20 gouttes Clou de Girofle
- 50 gouttes de Géranium
- 20 gouttes d'Arbre à thé (Melaleuca)
- 20 gouttes de Lavande
- 50 gouttes de Citronnelle (Lemongrass)
- 1 tasse de Vinaigre de cidre de pomme
- 15 gouttes de Savon de castille

Combiner les ingrédients dans un contenant en vitre de 32 oz. Remplir le reste de la bouteille avec de l'eau distillée. Bien agiter avant chaque utilisation et éviter le contact avec les yeux et les naseaux.

4.5 Pourriture des sabots

- 20 gouttes d'Origan
- 20 gouttes d'Arbre à thé (Melaleuca)
- 5 gouttes de Cannelle
- 5 gouttes d'Arborivate
- 2 oz d'huile porteuse

Mélanger les ingrédients ensemble et pulvériser au bas du sabot après avoir trempé le sabot dans le sel d'Epsom. Ne pas appliquer ce mélange sur la peau.

4.6 Soins d'une blessure

- 20 gouttes d'Arbre à thé (Melaleuca)
- 20 gouttes de Lavande
- 20 gouttes d'encens (Frankincense)
- 20 gouttes de Copaiba
- 20 gouttes de Helicryse

Mélanger dans un vaporisateur de 4 oz et remplir le reste de la bouteille d'eau distillée ou d'huile porteuse. Bien nettoyer la plaie. Appliquer deux fois par jour.

4.7 Douleur chez le cheval

- 5gouttes de Copaiba
- 5 gouttes d'Encens (Frankincense)

Pour utilisation à l'interne, quand on ne sait pas exactement d'où vient la douleur.

Mélanger les huiles à du miel, une huile porteuse, un sceau d'eau ou à la moulée humectée. Donner deux fois par jour.

4.8 Abcès

- 10 gouttes de Lavande
- 10 gouttes de Myrrhe
- 2 gouttes de Cyprès
- 10 gouttes d'Encens (Frankincense)
- 5 gouttes d'eucalyptus
- 50 ml huile de coco
- Argile Verte en poudre

Mélanger les ingrédients jusqu'à consistance souhaitée. Appliquer à l'endroit à soigner. Peut aussi servir pour les abcès aux sabots.

4.9 Vermifuge

- 1 goutte de Curcuma
- 1 goutte d'Origan
- 1 goutte de On Guard

Donner 1 goutte de ce mélange par 500 kg de cheval en mélangeant avec 2 cuillères à soupe de miel ou avec une huile porteuse ou à de la moulée humide.

Si donnée en prévention, vous pouvez le faire à tous les 3 mois.

Si votre cheval a déjà des vers, donner à tous les jours pendant 1 semaine.

4.10 Gâterie à la mélasse et à la Menthe

- 1 tasse d'avoine
- 1 tasse de son d'avoine
- ½ tasse de farine
- 2 cuillères à soupe de sel
- 1 tasse de mélasse
- 4 gouttes de Menthe poivrée

- Préchauffer le four à 350° F

- Mélanger tous les ingrédients. Si le mélange est trop liquide, ajouter de la farine. S'il est trop sec, ajouter de la mélasse.

- Placer dans un moule de 9'' x 9'' et mettre au four.

- Cuire de 20 à 30 minutes et laisser refroidir.

- Couper et placer dans un contenant hermétique.

4.11   Dermatite

- 40 gouttes d'Arbre à thé (Melaleuca)
- 40 gouttes de Lavande
- 18 gouttes de Thym
- 9 gouttes de Romarin
- Huile porteuse

Appliquer 2 fois par jour sur la région affectée.

4.12   Allergie chez le cheval

- 10 gouttes de Lime
- 10 gouttes de Menthe Poivrée
- 10 gouttes de Lavande

Mélanger et donner à l'interne avec du miel, de l'huile végétale ou de la moulée humide deux fois par jour.

4.13   Poudre pour les odeurs (tapis et couverture, etc.)

- ½ tasse de Bicarbonate de sodium
- 10 à 15 gouttes d'huile essentielle de votre choix (Purify est très efficace pour les odeurs).

Mélanger dans un contenant et fermer. Laisser reposer toute la nuit.

Utiliser aussi sur les tapis, couverture, etc. Laisser agir 25 minutes puis passer l'aspirateur ou secouer.

4.14   Shampoing

- 1 tasse d'eau
- 1 tasse de savon de castille
- ¼ cuillère à thé de Vitamine E (facultative)
- 3 gouttes de Menthe poivrée
- 3 gouttes de Lavande
- 1 goutte d'arbre à thé (Melaleuca)
- 1 goutte de Citronnelle (Lemongrass)
- 1 goutte de Bois de cèdre
- 2 gouttes de Camomille romaine

Mélanger les ingrédients dans une bouteille de 8 oz en vitre ambrée pour une meilleure conservation.

Références

Doterra. (2019). Guide des produits : Printemps 2019.

Aroma Tools. (2017). Moderns Essentials Guide. U.S.A.

U.S.A.The Essential Pet. (2018). Essential Educators.

Roark, Janet. (2015-2018). Essential Oil for Horses, eBook. U.S.A.

https://imu-blog.com/2016/11/13/therapeutic-essential-oils/

https://essentialoilvet.com

https://www.les-essentiels-de-passiflora.com/

https://essentialthree.com

https://www.facebook.com/groups/1949414452054955/files/

Du même auteur

Huiles essentielles pour le Chat et le Chien

Marie-Hélène Cloutier

Huiles Essentielles pour le Chat et le Chien

2019, Première édition

ISBN 9782981826800

44 pages

Le chat et le chien peuvent eux aussi bénéficier des nombreux avantages que procurent les huiles essentielles. Ce livre vous guidera dans l'apprentissage des huiles à utiliser, ou à éviter avec votre animal pour une utilisation simple et sécuritaire. Vous y trouverez aussi des mélanges d'huiles essentielles pour diverses situations.

Où se le procurer ?

- www.horseup.ca, dans la section huiles essentielles
- www.lulu.com, rechercher le ID 24694645

Autres services offerts

Huiles Essentielles

- https://www.mydoterra.com/ledenhorseup
- www.horseup.ca
- Groupe Facebook : doTerra, huiles essentielles Bas St-Laurent

Formations

- https://leden.didacte.com
- www.horseup.ca

Bien-être

- Communication animale
- Soins de Reiki pour votre animal et pour vous
- www.horseup.ca

Boutique équestre et petits animaux

- Articles pour le cavalier et sa monture
- Bijoux et décoration
- Accessoires petits animaux
- Alimentations pour tous types d'animaux
- Litière de papier
- www.horseup.ca

Notes

Notes

www.ingramcontent.com/pod-product-compliance
Lightning Source LLC
Chambersburg PA
CBHW070111070426
42448CB00038B/2511